GEMEINSAM SIND WIR STARK!

Wie friedliche Proteste die Welt verändern

Rebecca June ✱ Ximo Abadía

Übersetzt von Cornelius Hartz

PRESTEL

München · London · New York

Die Macht der Menschen

Wenn wir mitbekommen, dass irgendwo etwas Ungerechtes passiert, fällt es uns oft schwer, etwas dagegen zu unternehmen. Zu Hause zu sitzen und nichts zu tun ist zwar einfacher, aber am Ende sind wir enttäuscht und frustriert. Wir fühlen uns hilflos.

Wenn du dagegen aktiv wirst und dir auf friedliche, aber energische Weise Gehör verschaffst, geht es dir besser – selbst wenn du nicht alles erreichst, worauf du gehofft hast. Tu dich mit anderen zusammen, teile deine Hoffnungen und Sorgen über die Zukunft mit ihnen! Das gibt dir jede Menge Kraft.

Dieses Buch erzählt davon, wie friedliche Proteste auf der ganzen Welt – von Indien bis Neuseeland, von Deutschland bis Tunesien – etwas bewirkt haben. Du wirst sehen: Schließen Menschen sich zusammen, um sich zu engagieren, können sie viel bewegen. Seit Jahrhunderten weisen sie so auf Probleme hin und treten für die Menschenrechte oder für die Umwelt ein. Wenn mutige Menschen gemeinsam für etwas eintreten, an das sie glauben, können erstaunliche Dinge geschehen. Denn wie die Geschichten in diesem Buch zeigen: Gemeinsam sind wir stark!

Der Marsch durch den Schlamm (England, 1907)
Knöcheltief im Matsch für das Frauenwahlrecht

Gandhis Salzmarsch (Indien, 1930)
Eine Handvoll Salz vertrieb die Briten aus Indien

Der Busboykott von Montgomery (USA, 1955)
Der Tag, an dem Rosa Parks „Nein!" sagte

Die Baumbesetzer von Pureora (Neuseeland, 1978)
Um den Wald zu retten, kletterten sie auf seine uralten Bäume

Die Belagerung von Greenham Common (England, 1982)
Aktivistinnen umzingelten einen Atomraketen-Stützpunkt

Die Revolution von Manila (Philippinen, 1986)
Der Sieg der Filipinos über die Marcos-Diktatur

Die Singende Revolution (Estland, 1988)
Hunderttausend Stimmen für die Unabhängigkeit des Landes

Der Fall der Berliner Mauer (Deutschland, 1989)
„Wir sind das Volk" – der Ruf, der die Mauer zum Einstürzen brachte

Der Marsch für Land und Würde (Bolivien, 1990)
Die Stimme der indigenen Völker hallte im ganzen Land wider

Die Massenaktion der Frauen Liberias für den Frieden (Liberia, 2003)
Frauen demonstrierten für das Ende des Bürgerkriegs

Die Jasmin-Revolution (Tunesien, 2011)
Die Protestwelle, aus der ein Tsunami wurde

Fridays for Future (Schweden, 2019)
Als Greta begann, sich für unseren Planeten einzusetzen

Black Lives Matter (USA, 2020)
Millionen Menschen in aller Welt gegen Rassismus

Der Marsch durch den Schlamm

Als man in England die Demokratie einführte, durften dort (wie in den meisten Ländern der Welt) Frauen weder wählen gehen noch aktiv Politik machen. Viele Männer befürchteten, dass Frauen sonst ihre Hausarbeit vernachlässigen und sich nicht mehr genug um die Kinder kümmern würden.

Anfang des 20. Jahrhunderts engagierten sich trotzdem immer mehr britische Frauen politisch. Sie organisierten sich, um für das Frauenwahlrecht zu kämpfen. Man nannte sie „Suffragetten".

Zwar gab es auch Männer, die ihre Forderung unterstützten, aber die britischen Politiker (die damals alle Männer waren) wollten das Frauenwahlrecht verhindern.

VOTES
FOR
WOMEN
VOTE!

An einem regnerischen Wintertag im Jahr 1907 zogen Tausende Frauen durch die Straßen von London und riefen: „Lasst Frauen wählen gehen!“ Dass ihre Stiefel und Röcke bald von Schlamm verdreckt waren, kümmerte sie wenig – ihr Protest war ihnen wichtiger. Sie marschierten vom Hyde Park aus mitten durch die Innenstadt. Frauen ganz unterschiedlicher Herkunft und aus allen Gesellschaftsschichten nahmen an dem Marsch teil. Es war ihr gemeinsames Anliegen – und der bis dahin größte Protest für das Frauenwahlrecht.

1928 erhielten Frauen in Großbritannien endlich das Wahlrecht, für das sie seit 1872 gekämpft hatten – mehr als fünfzig Jahre lang.

Gandhis Salzmarsch

Im Jahr 1930 hatte die Bevölkerung Indiens genug von den britischen Kolonialherren, die über ihr Land herrschten. Die Inderinnen und Inder fühlten sich vom Kolonialregime ungerecht behandelt. Sie wollten lieber von ihren Landsleuten regiert werden. Sie hatten die Nase voll davon, dass die Briten ihre natürlichen Ressourcen ausbeuteten und Gesetze erließen, die sie unterdrückten. So durften die Einheimischen kein Salz sammeln oder verkaufen. Schließlich war das Salz so teuer geworden, dass es sich viele nicht mehr leisten konnten.

In traditionelle indische Gewänder gekleidet, marschierten Mahatma Gandhi und seine Anhängerinnen und Anhänger 380 Kilometer bis zu einer Salzmine an der Küste, um gegen die Salzgesetze zu protestieren. Unterwegs schlossen sich ihnen weitere Männer und Frauen an. 24 Tage lang marschierte diese riesige Menschenmenge friedlich Seite an Seite. Als sie schließlich an der Mine ankamen, hob Gandhi eine Handvoll Salz vom Boden auf, was ihm laut Gesetz verboten war.

Viele seiner Landsleute folgten diesem Akt des Widerstands und veranstalteten ähnliche Massenproteste in anderen Salzbergwerken. Das war der Start einer friedlichen Kampagne gegen die britische Fremdherrschaft, die 1947 in der Unabhängigkeit Indiens mündete.

Der Busboykott von Montgomery

Jahrzehntelang herrschte in Teilen der USA die sogenannte Rassentrennung. Schwarze durften nicht in Restaurants für Weiße essen. Sie mussten andere Schulen, Geschäfte und Bibliotheken besuchen als Weiße, und man beerdigte sie sogar auf anderen Friedhöfen. Schwarze wurden behandelt, als wären sie minderwertig.

Auch in Bussen gab es damals Plätze, die Weißen vorbehalten waren. Eines Tages im Jahr 1955 fuhr in Montgomery, Alabama, eine Schwarze namens Rosa Parks mit dem Bus von der Arbeit heim, als ein Weißer einstieg. Der Fahrer forderte sie auf, dem Mann ihren Sitzplatz zu überlassen, aber sie weigerte sich. Die Polizei verhaftete Rosa Parks, und sie zahlte eine Geldstrafe.

CIRCLE · RECORDS
TAXI

Daraufhin organisierte die Schwarze Bevölkerung von Montgomery einen Boykott der städtischen Busse. Am ersten Tag weigerten sich 40 000 Bürgerinnen und Bürger, den Bus zu nehmen. Stattdessen gingen sie zu Fuß oder bildeten Fahrgemeinschaften und Schwarze Taxifahrer gaben ihnen Rabatt. Nach einem Jahr Boykott änderte die Stadt ihre rassistischen Vorschriften für die Busse.

Dies war einer der ersten Massenproteste für die Rechte von Schwarzen in den USA. Er führte zu Hunderten weiterer Proteste, die dazu beitrugen, dass Gesetze, die Menschen aufgrund ihrer Hautfarbe ungerecht behandelten, geändert wurden.

Die Baumbesetzer von Pureora

Neuseeland liegt im Pazifischen Ozean und besteht aus mehreren Inseln. Es war eine der letzten bewohnbaren Landmassen, die von Menschen besiedelt wurden. Die ersten Einwohner dieser Inseln waren die Māori, die ursprünglich aus Polynesien stammten. 80 % des Landes waren mit Wäldern bedeckt – bis die europäischen Siedler kamen. Sie bauten sich Holzhäuser und fällten dafür immer mehr Bäume. Damit zerstörten sie einen großen Teil der ursprünglichen Wälder Neuseelands.

Pureora ist ein tropischer Regenwald auf der Nordinsel von Neuseeland und ein wichtiger Ort der Māori-Kultur. Im Jahr 1978 begann man, auch diesen Wald abzuholzen, der eine große Vielfalt an Tieren und Pflanzen beherbergt, darunter die wohl ältesten immergrünen Bäume der Welt: Steineiben, von denen einige über tausend Jahre alt sind.

Die Menschen vor Ort wollten verhindern, dass die Natur zerstört und der Pureora-Wald abgeholzt würde. Also schlichen sie in den Wald, kletterten auf die uralten Bäume, bauten sich dort oben Plattformen und weigerten sich herunterzukommen. Sie wussten, dass die Bäume nicht gefällt werden konnten, solange sie da oben waren. Natürlich waren die Holzfäller wütend, weil sie an ihrer Arbeit gehindert wurden. Doch der Protest sorgte im ganzen Land für Aufsehen.

Den Aktivistinnen und Aktivisten gelang es, Pureora zu retten. Heute ist der Wald ein wichtiger Ort für den Tourismus und für ökologische Studien. Als Folge des Protests beendete die Regierung die Abholzung aller staatlichen Wälder.

Die Belagerung von Greenham Common

Atomraketen sind furchtbare Massenvernichtungswaffen. Sie können ganze Städte zerstören, mit verheerenden Auswirkungen auf Menschen, Tiere und Natur.

1980 erlaubte die Regierung von Großbritannien den USA, in Greenham Common, einem kleinen Militärflugplatz mitten in England, 96 Atomraketen zu stationieren.

Eine Gruppe mutiger Frauen aus Wales beschloss, etwas gegen diese Entscheidung zu unternehmen. Sie brach zu einem zehntägigen Marsch nach Greenham Common auf, wo sie ein Zeltlager errichtete. 36 Frauen jeden Alters führten den Marsch an. Sie wollten ihre Ehemänner und Söhne nicht durch einen weiteren Weltkrieg verlieren. Sie wollten, dass endlich Schluss war mit der Gewalt.

Die Nachricht von ihrem Protest erreichte das ganze Land! Am 12. Dezember 1982 versammelten sich 30 000 Demonstrantinnen und Demonstranten und umzingelten den Militärstützpunkt. Menschen weltweit erfuhren von ihrem Widerstand.

Das Frauen-Friedenscamp von Greenham Common blieb viele Jahre aktiv. Die Friedensaktivistinnen erreichten, dass 1991 die letzten Atomwaffen von dort abtransportiert wurden. Trotzdem setzten sie ihren Protest noch bis zum Jahr 2000 fort.

Die Revolution von Manila

Ferdinand Marcos wurde 1965 zum Präsidenten der Philippinen gewählt und 1969 wiedergewählt. Aber viele Filipinas und Filipinos waren unzufrieden mit seiner Regierung. Die Kluft zwischen Arm und Reich wurde immer größer, und die allermeisten Leute waren arm.

1972 verhängte Präsident Marcos das Kriegsrecht und gab sich selbst damit besondere Vollmachten: Er kontrollierte das Militär und konnte nach Belieben die Redefreiheit, die Pressefreiheit und andere bürgerliche Freiheiten einschränken. Später ließ er alle politischen Gegner verhaften und konnte sich als Diktator weitere 14 Jahre an der Macht halten.

Jahrelang wuchs die Unzufriedenheit der Menschen. Schließlich beschlossen sie, aktiv zu werden und sich dagegen zu wehren, wie ihr Land regiert wurde. Am 23. Februar 1986 füllte sich die Abenida Epifanio de los Santos, eine Hauptverkehrsstraße in der philippinischen Hauptstadt Manila, mit Menschen. Durch Mundpropaganda und über das Radio erfuhren innerhalb kurzer Zeit immer mehr von dem Protest – und schlossen sich der Demonstration an.

Schon bald hatten sich mehr als zwei Millionen unbewaffnete Zivilisten versammelt. Auch wenn der Anlass ernst war, herrschte auf der Straße eine fröhliche Stimmung. Wie bei einem großen Straßenfest. Nach drei Tagen musste Diktator Marcos seine Niederlage akzeptieren. Er floh ins Ausland.

Die Singende Revolution

Das kleine Estland an der Ostsee hatte schon immer eine besondere Beziehung zur Musik. Traditionelle Volkslieder sind dort ein wichtiger Teil der Kultur und tragen dazu bei, dass sich die Menschen ihrem Land, ihrer Sprache und ihrer estnischen Identität verbunden fühlen.

Estland wurde früher abwechselnd von verschiedenen Ländern im Baltikum regiert. Es kämpfte lange für seine Unabhängigkeit, die es 1918 endlich erlangte. Doch 1939 wurde es von der Sowjetunion überfallen. Viele Menschen mussten fliehen.

Trotz der Versuche der sowjetischen Regierung, den Esten ihre Kultur und ihre Bräuche aufzuzwingen, sangen sie weiterhin ihre Volkslieder und spielten ihre traditionelle Musik, um ihre Kultur am Leben zu halten. Sie feierten Feste wie Üldlaulupidu, das estnische Liederfest, das alle fünf Jahre stattfindet. Zusammen zu singen gab den Esten Kraft. Es stärkte ihr Selbstvertrauen und erinnerte sie daran, dass sie ein gemeinsames Ziel verfolgten: ihre Unabhängigkeit.

1988 versammelten sich an fünf Abenden hintereinander über 100 000 Esten zum Liederfest in Tallinn, der Hauptstadt des Landes. Sie sangen, schwenkten estnische Flaggen und skandierten: „Ich bin Este und ich werde Este bleiben!“ Diese friedliche Aktion zeigte die Stärke und Entschlossenheit des estnischen Volkes und trug dazu bei, dass das Land seit 1990 wieder unabhängig ist!

Der Fall der Berliner Mauer

Kannst du dir vorstellen, wie es ist, wenn mitten in deiner Stadt eine Mauer gebaut wird, damit du nicht mehr die andere Seite besuchen kannst? Genau das passierte 1961 in Berlin, zu einer Zeit, als Deutschland in Ost und West geteilt war. Die ostdeutsche Regierung errichtete eine Mauer. Man wollte verhindern, dass die Bevölkerung in den Westen flüchtete, wo es mehr Freiheiten gab. Die Mauer teilte Berlin in zwei Hälften und trennte Familien und Freunde voneinander. Sie war über drei Meter hoch und wurde von Soldaten bewacht.

In Westberlin war die Mauer mit bunten Graffiti bedeckt. In Ostberlin, wo die Rede- und Meinungsfreiheit eingeschränkt war, blieb die Mauer grau.

1989 organisierte eine kleine Gruppe von ostdeutschen Bürgerinnen und Bürgern in der Nikolaikirche in Leipzig friedliche Gebete für Freiheit und Gerechtigkeit. Sie hatten große Angst: Was würde die Regierung tun? Trotzdem kamen jede Woche mehr Menschen zu diesen Treffen. Dass sie nicht allein waren, machte Mut, und als die Bewegung größer wurde, wurden die Demonstrierenden immer mutiger. Sie trugen ihren Protest von der Kirche auf die Straße und gingen jeden Montag demonstrieren. Das waren die sogenannten Montagsdemonstrationen, die bald in mehreren Städten in Ostdeutschland stattfanden.

Am Abend des 9. Oktober 1989 nahmen 70 000 Menschen an einer Montagsdemonstration in Leipzig teil. Sie trugen brennende Kerzen und riefen im Chor: „Wir sind das Volk!“ Obwohl die Proteste gegen das Gesetz verstießen, reagierten die Behörden nicht mit Gewalt. Schon bald gab es ähnliche Proteste in ganz Ostdeutschland. Diese Demonstrationen führten zum Fall der Berliner Mauer am 9. November 1989 – die Regierung musste ihren Bürgerinnen und Bürgern erlauben, noch in derselben Nacht den Westen zu besuchen. 1990 wurde die Mauer abgerissen.

Der Marsch für Land und Würde

In Bolivien leben seit Tausenden von Jahren indigene Menschen.
Diese Ureinwohner machen einen großen Teil der bolivianischen Bevölkerung aus:
Es gibt 36 anerkannte indigene Völker, darunter die Aymara, Quechua,
Chiquitanos, Guaraní, Moxeños, Sirionó und Tsimané.

Die Lebensweise der Ureinwohner ist jedoch durch die Abholzung der Wälder, das Vordringen von Siedlern und die Ausbeutung der Natur ständig in Gefahr. 1990 fühlten sich Ureinwohner im Tiefland von Bolivien durch Viehzüchter, Holzfäller und Bauern, die ihr Land zerstörten, akut bedroht.

Am 15. August brachen 300 Indigene aus dem bolivianischen Tiefland zum „Marsch für Land und Würde“ auf. Im sintflutartigen Regen und in der heißen Sonne marschierten sie von der Stadt Trinidad quer durch das Amazonasbecken und über die Hochebene Altiplano. Jeder ihrer Schritte war ein Symbol für ihre Entschlossenheit, ihre angestammte Lebensweise zu schützen. Indigene anderer Völker schlossen sich ihnen an, schließlich waren es mehr als 800 Demonstrierende, die La Paz, die Hauptstadt Boliviens, erreichten.

Dort verlangten sie ein Treffen mit der Regierung von Präsident Jaime Paz Zamora. Ihr mutiger Marsch veranlasste den Staat, die Indigenen als eigenständige Gruppen anzuerkennen und ihren Anspruch auf die Gebiete, in denen sie lebten, offiziell zu bestätigen. Es war ein historischer Erfolg nicht nur für Peru, sondern für alle indigenen Völker Lateinamerikas.

Die Massenaktion der Frauen Liberias für den Frieden

Viele Jahre lang herrschten im westafrikanischen Liberia große Konflikte. Gewalt gehörte zum Alltag. Welcher Volksgruppe man angehörte, bestimmte, wie man behandelt wurde. 2003 herrschte im Land schon seit 14 Jahren Bürgerkrieg.

Viele Menschen wurden aus ihren Häusern vertrieben, andere wurden getötet. Männer und Jungen wurden gezwungen, Soldat zu werden. Frauen versuchten verzweifelt, ihre Ehemänner und Söhne zu verstecken, um sie zu schützen.

Eine Gruppe liberianischer Frauen konnte das nicht länger ertragen. Sie wollten die Sache selbst in die Hand nehmen und den Kampf beenden. Lange genug hatten sie schweigend gelitten, jetzt war Schluss. Es war an der Zeit, Nein zu sagen zur Gewalt und Ja zum Frieden!

Ganz in Weiß gekleidet, als Symbol für den Frieden, versammelten sich täglich Hunderte Frauen auf dem Fischmarkt in der Hauptstadt Monrovia. Sie sangen und beteten und forderten ein Ende des Bürgerkriegs. So erzwangen sie ein Treffen mit dem Präsidenten Charles Taylor, der seine Teilnahme an Friedensgesprächen versprach.

Später gingen sie zum Präsidentenpalast, wo die Verhandlungen stattfanden, und veranstalteten einen stillen Sitzstreik. Sie blockierten alle Türen und hinderten damit die Unterhändler daran, die Friedensgespräche zu verlassen, bevor eine Lösung gefunden war.

Dank dieser Entschlossenheit endete der langjährige Bürgerkrieg. Das inspirierte viele liberianische Frauen, sich stärker in der Politik zu engagieren. 2006 wurde Ellen Johnson Sirleaf in Liberia zum ersten weiblichen Staatsoberhaupt Afrikas gewählt.

Die Jasmin-Revolution

2011 regierte in Tunesien seit 23 Jahren Präsident Zine el Abidine Ben Ali. Viele fanden, dass ein Regierungswechsel nötig war, zumal die Regierung das Volk immer mehr unterdrückte und die Redefreiheit einschränkte. Die Tunesierinnen und Tunesier wollten Freiheit und eine neue Regierung.

Trotz Initiativen zur Verringerung der Armut war das Leben in Tunesien vor allem in den Städten sehr schwierig. Menschen kämpften um ihr Überleben – es gab keine Arbeit, die Nahrungsmittel wurden immer teurer, die Lebensbedingungen immer schlechter.

Im Dezember 2010 zündete sich der Gemüsehändler Mohamed Bouazizi vor dem Gebäude der Stadtverwaltung in Sidi Bouzid an, weil es ihm nicht gelang, mit seiner Arbeit seine Familie zu ernähren. Diese Verzweiflungstat löste große Demonstrationen nahe der tunesischen Hauptstadt Tunis aus. Überall im Land sprach man von den Protesten. Sie trieben die Menschen auf die Straße, deren Wut sich über Jahre aufgestaut hatte. Frauen und Männer riefen: „Brot, Freiheit und soziale Gerechtigkeit!“ Tausende einte der Wunsch nach einem freien und gerechten Tunesien.

Es waren die größten Proteste, die das Land seit vielen Jahren erlebt hatte. Sie dauerten 28 Tage. Dann trat Präsident Ben Ali von seinem Amt zurück und floh mit seiner Familie ins Ausland. Die Ereignisse in Tunesien inspirierten ähnliche Proteste in anderen benachbarten Ländern. Es entstand eine Bewegung, die man später „Arabischer Frühling“ nannte.

FREEDOM
LIBERTÉ
حرية

Fridays for Future

Wissenschaftler warnen seit Jahrzehnten vor dem Klimawandel. Mittlerweile weiß jeder, dass Umweltverschmutzung und die Nutzung fossiler Brennstoffe unserem Planeten enorm schaden.

Die Auswirkungen des Klimawandels sind katastrophal, sie werden immer schlimmer. Viel zu wenige Erwachsene scheinen das ernst zu nehmen. Gerade junge Menschen in aller Welt fragen sich: „Warum tun die Regierungen nicht mehr dafür, den Klimawandel zu bekämpfen?“

Als 2019 bekannt wurde, dass die 15-jährige Greta Thunberg auf den Stufen des schwedischen Parlaments in ihrer Heimatstadt Stockholm einen Klimaprotest veranstaltete, machte sie jungen Menschen weltweit Mut, sich ihr anzuschließen.

Bald war eine neue Bewegung geboren: Fridays for Future (FFF).

Teenager und Kinder hatten genug davon, dass man sie an zahlreichen wichtigen Entscheidungen, die sich auf ihre Zukunft auswirkten, nicht beteiligte. Also nutzten sie das einzige Mittel, das ihnen zur Verfügung stand: regelmäßige friedliche Proteste. Überall ist der Freitag seitdem der Tag des Schulstreiks und der Demonstrationen. Schülerinnen und Schüler fordern weiterhin von ihren Regierungen sofortige Maßnahmen gegen die Klimakatastrophe. Endlich haben die jungen Menschen das Gefühl, selbst etwas bewegen zu können.

Black Lives Matter

In vielen Ländern werden Schwarze Menschen wegen ihrer Hautfarbe diskriminiert. In den USA ist die Wahrscheinlichkeit für einen Schwarzen, von der Polizei erschossen zu werden, dreimal so hoch wie für einen Weißen.

Wenn das geschieht und die Verantwortlichen nicht vor Gericht kommen, vermittelt es den Eindruck, dass das Leben von Schwarzen nicht zählt. Dass sie nicht den gleichen Wert haben wie andere Menschen.

Nachdem 2020 ein Polizist den Schwarzen George Floyd getötet hatte, was sich im Netz schnell verbreitete, gingen Menschen weltweit, vor allem aber in den USA, auf die Straße, um ihrer Empörung Ausdruck zu verleihen. Ihre wichtige Botschaft hieß: Black Lives Matter – Schwarze Leben zählen!

Die Protestierenden forderten eine Polizeireform in den USA und ein Ende der Polizeigewalt und des Rassismus. So wurden immer mehr Menschen auf die Gewalt und die Diskriminierung aufmerksam, denen Schwarze in den USA und in anderen Teilen der Welt weiterhin ausgesetzt sind. Es bleibt noch viel zu tun, aber die deutliche Botschaft der Bewegung Black Lives Matter (BLM) hat unsere Welt für immer verändert.

Für Darío
Ximo Abadía

Für Mia und Adele, die mich immer inspirieren.

Für Alex, weil er immer an mich glaubt.

Für Hugh, Kiki und Gilly, die mir beigebracht haben, gegen Ungerechtigkeit aufzustehen.
Rebecca June

Titel der Originalausgabe: *People Power. Protestas que han cambiado el mundo*

ein Unternehmen der Penguin Random House Verlagsgruppe GmbH
Neumarkter Straße 28 • 81673 München

Übersetzt von Cornelius Hartz

Projektmanagement: Constanze Holler
Lektorat: Heike Brillmann-Ede
Herstellung und Satz: Susanne Hermann
Druck und Bindung: Índice Artes gráficas, Barcelona

Wir produzieren klimaneutral
ClimatePartner.com/14044-1912-1001
Druckprodukt

Bei diesem Buch wurden die durch das verwendete Material und die Produktion entstandenen CO_2-Emissionen ausgeglichen, indem der Prestel Verlag ein Projekt zur Aufforstung in Brasilien unterstützt. Weitere Informationen zu dem Projekt unter: www.ClimatePartner.com/14044-1912-1001

FSC www.fsc.org MIX Papier aus verantwortungsvollen Quellen FSC® C111592

Penguin Random House Verlagsgruppe FSC® N001967
ISBN 978-3-7913-7539-7

www.prestel-junior.de